MÉMOIRE

DES HUISSIERS DE LYON

A M. BÉRARD

Député du Rhône

SUR

LA LÉGISLATION DES PROTÊTS

LYON

IMPRIMERIE MOUGIN-RUSAND

3, Rue Stella, 3

—

1890

A Monsieur BÉRARD

DÉPUTÉ DU RHONE

MONSIEUR LE DÉPUTÉ,

Votre qualité de membre de la Commission des Protêts, et votre qualité surtout de commerçant vous désignaient tout naturellement à l'attention des Huissiers de Lyon, pour choisir en vous l'interprète compétent et autorisé, chargé par eux de présenter à la Commission leurs remerciements les plus sincères et les plus vifs pour le travail de revision de la loi sur les Protêts, par elle mené à bonne fin en si peu de temps, et contre lequel, il faut bien l'espérer, ne pourra prévaloir l'improvisation irréfléchie et impraticable du contre-projet Rabier.

Loin de nous, Monsieur le Député, la pensée de venir nous ériger en juges ou en contradicteurs du projet de la Commission, et de vouloir augmenter encore le flot de brochures de toutes sortes qui, à l'heure qu'il est, encombrent peut-être le bureau de la Commission.

Hommes d'affaires pratiques, instruits par l'expérience de chaque jour, placés au premier rang pour bien entendre les doléances des débiteurs, et connaitre les besoins du commerce, les Huissiers de Lyon viennent simplement dire à la Commission :

« Messieurs les Députés, par votre projet de loi vous avez touché
« juste ; vous êtes dans le vrai ; persévérez. — Tout au plus dans votre

« œuvre, y a-t-il quelques petites lacunes de détail, connues des seuls
« praticiens, et qu'à ce titre nous vous demandons respectueusement
« la permission de vous signaler en passant ! Mais votre œuvre
« d'ensemble est bien conçue, bien pensée ; elle répond aux doléances
« des débiteurs dans la mesure du possible, et sauvegarde cependant
« les droits des tiers, même ceux du Trésor, et en ce qui concerne
« les huissiers eux-mêmes, elle est adaptée aux exigences modernes
« de l'époque. »

Voilà, Monsieur le Député, ce qu'au nom des Huissiers de Lyon, confiants et reconnaissants, vous pouvez affirmer à Messieurs vos collègues de la Commission.

Oui, la Commission a pensé et agi sagement en s'arrêtant et en se décidant aux innovations suivantes que nous allons rapidement passer en revue :

ARTICLE PREMIER

DU PROJET

(Nouv. Art. 162)

La Commission a agi sagement :

1° En créant un **délai de grâce** de deux jours entre l'échéance et le Protêt, tout en maintenant au lendemain de l'échéance (jour de la présentation) le point de départ des intérêts, et en exigeant que le

Protêt, portant seulement la date du troisième jour, mentionnât la présentation par huissier faite le premier jour. — Ce procédé est correct, logique et satisfait tous les intérêts en présence.

2° En maintenant **la nécessité** de l'acte de **Protêt par Huissier**. — Sans le Protêt de l'Huissier, sans le tracas salutaire que ce papier timbré cause aux souscripteurs en général, aux jours d'échéance, personne ne se gênerait pour payer et les commerçants qui auraient fait escompter leurs bordereaux par leurs banquiers pour faire face à leurs propres échéances, se verraient tout à coup retomber sur les bras un flot d'impayés à rembourser ! Le sans-gêne des uns ferait la gêne, peut-être la ruine des autres ! — Du reste, il est bien facile de se faire une idée de ce qui arriverait, par ce qui se passe déjà avec les effets *sans frais*. — Quand il nous arrive d'avoir à présenter un effet à un débiteur, la première question qu'il nous adresse est celle-ci : *Est-il sans frais ?* — Si l'effet est *sans frais*, nous ne revoyons plus ni débiteur, ni argent. — Si nous le revoyons et si nous lui demandons ce qu'il a fait de son argent, il nous répond : « Ah ! vous comprenez, c'est que j'avais d'autres effets, au Protêt ! »

Nous pensons que cet argument est sans réplique, même pour l'honorable M. Rabier.

3° En supprimant **la Copie du Protêt** que l'Huissier aux termes de l'art. 176 actuel du Code de commerce est tenu, à peine de destitution, de laisser sur place au débiteur, au moment même, de la présentation de l'effet, — formalité qui en pratique ne s'est jamais exécutée, attendu qu'elle serait l'exécution publique du débiteur et de son crédit, en plein magasin, devant ses clients !

Et en la remplaçant par la **fiche de présentation**, laquelle répond à tout ce qu'a besoin de savoir le débiteur qui veut se mettre en règle pour pouvoir payer encore après l'échéance, mais avant Protêt.

(Nouv. Art. 167)

La Commission a agi sagement :

4° En tarifant à un droit de **Course** de 2 francs, désormais indiscutable, le salaire auquel a droit l'Huissier qui représente l'effet le lendemain de l'échéance, soit que le paiement ait lieu au domicile du débiteur au moment de la présentation par l'Huissier, soit qu'il ait lieu à l'étude de l'Huissier pendant les deux jours du délai de grâce.

Ce salaire modéré nous paraît désormais acquis, à cause de sa modération même, et sa fixation par le législateur évitera désormais tout conflit à ce sujet entre l'Huissier et les débiteurs. Nous remercions vivement la Commission d'avoir ainsi nettement établi les situations et tranché les droits et devoirs de chacun. Du reste, dans toute cette loi des Protêts, il faut le reconnaître, nous ne cessons pas un seul instant d'être en présence de textes irréprochables de clarté et de précision.

5° En décidant que désormais le **Droit** de **Transport** de l'Huissier ne se calculerait de jamais plus loin que le chef-lieu de canton du débiteur, résidence habituelle de l'Huissier, — d'où que vienne l'Huissier instrumentaire, vint-il de l'autre extrémité de l'arrondissement. Ceci est très bien pensé et soulagera sérieusement les débiteurs de petits effets, ceux des campagnes surtout où sont les petits marchands, les petits trafiquants, sur lesquels tirent les fournisseurs. Cela ne fera peut-être pas bien l'affaire de messieurs les banquiers, qui, siégeant habituellement à la ville chef-lieu d'arrondissement, confient d'ordinaire leur portefeuille de tout l'arrondissement, et par conséquent des cantons ruraux, à un Huissier de prédilection du chef-lieu d'arrondissement également, lequel se charge d'encaisser gratis ou à peu près ce portefeuille, même dans les cantons ruraux, à condition que ceux de ces effets que l'Huissier n'aura pas encaissés le jour de l'échéance comme garçon de recette, comme encaisseur, il aura à les représenter le lendemain comme Huissier et à en faire les Protêts, même dans les cantons ruraux. C'est donc une sorte de marché que le banquier fait avec l'Huissier, et au moyen duquel le banquier se décharge de ses obligations de tiers-porteur sur le dos de l'Huissier qui accepte cet impôt forcé de l'encaissement pour être sûr d'accaparer tous les Protêts du banquier dans la contrée. De là, des droits de transports insensés, infligés par l'Huissier du chef-lieu d'arrondissement aux débiteurs des cantons ruraux, comme conséquence du monopole concédé par le banquier à son Huissier de la ville. — Avec le système de la Commission, c'est-à-dire avec le droit de transport alloué seulement à partir du chef-lieu de canton, les Protêts ruraux, relâchés par l'Huissier de la ville qui, à ce compte, n'y retrouvera plus ses frais de déplacement, retomberont à l'Huissier du canton, à qui vous ferez ainsi revenir un peu d'ouvrage ; et comme ce dernier sentira que si ces Protêts lui reviennent, ce sera par force, et uniquement parce que le banquier ne pourra pas faire autrement, il n'aura plus besoin de lui faire de cadeau pour avoir ses Protêts, et par conséquent ne se sentira plus astreint à lui faire ses encaissements. — Les encaissements vont alors retomber à la charge du banquier, charge bien naturelle, direz-vous, Monsieur le Député, puisque précisément par l'art. 161 nouveau (art. 1ᵉʳ du Projet), vous imposez au tiers-porteur (au banquier, par conséquent), l'obligation de faire lui-même son encaissement à ses frais.

Aussi, Monsieur le Député, ne soyez pas étonné si les banquiers, dont un grand nombre font partie des 102 chambres de commerce de France, vont s'efforcer d'obtenir de ces Chambres de commerce qu'elles protestent, soit contre l'art. 6 de votre projet qui interdit l'encaissement aux Huissiers et qui va empêcher aux banquiers de retrouver en eux leurs anciens domestiques à bon marché pour leurs encaissements, soit contre la réduction du droit de transport, à cause du découragement et de la retenue que cette mesure va inspirer à leurs Huissiers encaisseurs de ville, véritables juifs-errants de l'arrondissement.

Mais vous saurez maintenant le fin mot de toutes ces protestations intéressées qui voileront et gazeront la chose, en disant qu'il faut laisser les banquiers libres de choisir des Huissiers sûrs et dignes de leur confiance, comme s'il n'y avait parmi nous que des gens capables de filer sur Genève, ou qu'ils vont être obligés d'élever les conditions et le taux de leur escompte, comme si la concurrence, elle aussi, ne devait pas finir par se mettre chez les banquiers et les amener à baisser leurs prix !

Nous nous permettrons de vous faire remarquer que le texte de la Commission, au sujet de la réduction du droit de transport de l'Huissier, a oublié de dire que quand il y aurait moins loin de chez le débiteur à l'étude de l'Huissier que de chez le débiteur au chef-lieu de canton, ce serait le droit le moins élevé qui seul devrait être compté. Nous mettons ce petit changement à faire au texte de la Commission, en relief dans le projet d'amendement ci-dessous.

Simplement avec leurs ports de lettres, que messieurs les banquiers, sans compter la commission de négociation et l'intérêt de retard, ont bien soin de toujours faire figurer, et même plutôt plusieurs fois qu'une dans les petits coupons de comptes de retour dont ils savent orner les effets impayés qu'ils vous retournent, messieurs les banquiers, disons-nous, ne perçoivent jamais moins de 60 à 75 centimes et même 1 franc par effet, si petit qu'il soit, alors que leur Huissier encaisseur, qui se fait dans la circonstance leur domestique au rabais, leur présente cet effet à l'encaissement gratis. — Vous voyez d'ici, sur une masse d'effets, le total de ces petits bénéfices répétés à la fin de la journée, Monsieur le Député ! bénéfices qui sont nets et sans charge, grâce au boulet que traîne l'Huissier encaisseur et qu'il s'est attaché au pied pour en décharger le banquier en échange de quelques Protêts en perspective à l'horizon ! Nous vous laissons à penser, Monsieur le Député, si les banquiers vont demander à ce que ce petit commerce dure ! Il est tout bénéfice pour eux ; jusqu'aux Huissiers encaisseurs eux-mêmes, Monsieur le Député, qui, pour conserver la clientèle de leurs banquiers, feront chorus avec eux pour ne pas leur déplaire, et demanderont à ce que vous n'interdisiez pas les encaissements par Huissier !

Et puisque la Commission était en train de bien faire, pourquoi n'est-elle pas allée jusqu'au bout ? Elle nous donne le Protêt à souche, la Fiche, le Clerc assermenté, le Droit de course, toutes autant d'innovations commandées par les exigences du commerce moderne. Eh bien ! Pourquoi n'a-t-elle pas revisé, en même temps que le droit de timbre et d'enregistrement, le salaire de l'Huissier, tant au point de vue de l'indemnité de transport, qu'au point de vue de l'acte de Protêt lui-même ?

La Commission (qu'elle veuille bien nous excuser de le lui faire remarquer), la Commission a pensé à tout, excepté à l'Huissier. Nous vous demandons, Monsieur le Député, la permission de vous présenter nos doléances à cet égard, pour qu'à votre tour vous puissiez les faire valoir auprès de MM. vos collègues de la Commission.

INDEMNITÉ KILOMÉTRIQUE DE TRANSPORT

Les frais de voyage des Huissiers sont encore tarifés par l'article 66 du décret du 16 février 1807.— 1807! Monsieur le Député, c'est-à-dire voilà bientôt près d'un siècle! D'après cet honnête tarif, les cinq premiers kilomètres ne comptent pas ; l'Huissier a beau payer sa voiture, son chemin de fer, ou perdre son temps et user ses souliers sur les grandes routes, il doit, comme le Juif-Errant, faire la première lieue pour rien. Est-ce bien honnête, Monsieur le Député, que de voler ainsi le temps des officiers ministériels? Puis à partir de la première lieue gratis, la seconde lieue, le second demi-myriamètre, lui est payé 4 francs, et tous les demi-myriamètres suivants, chacun 2 francs ; le retour n'est pas payé. Le législateur de 1807 nous paye donc par bond, par saccade d'une lieue complète ; il compte par demi-myriamètre, aller seul compté, et néglige tout fractionnement en sus, de 1, 2, 3 et même 4 kilomètres — il faut le demi-myriamètre complet pour que nous ayons droit aux 2 francs qui y correspondent ! Tout cela est abominablement injuste pour les Huissiers, qui depuis bien longtemps demandent, d'abord, la suppression de la première *lieue gratis*, et ensuite une rétribution kilométrique, la seule qui réponde réellement à la distance parcourue. C'est du reste ce système de rétribution kilométrique, qui a été adopté dernièrement par M. le Ministre de la justice (M. Thevenet), lorsque par un récent décret, en date d'août ou septembre 1889, il a tarifé les indemnités de déplacement des architectes, experts, greffiers et conseillers de Préfecture, en matière administrative, indemnité kilométrique, soit dit en passant bien supérieure à celle que nous demandons.

Le tarif de 1807 nous alloue 4 francs pour le premier demi-myriamètre payant (ce qui fait 40 centimes par kilomètre aller et retour comptés), et ensuite 2 francs pour chaque demi-myriamètre subséquent, ce qui ne fait plus que 20 centimes par kilomètre, aller et retour comptés. Eh bien, Monsieur le Député, nous ne vous demandons que de nous donner la moyenne de ces 2 chiffres, soit 30 centimes par kilomètre, aller et retour comptés.

De cette façon, pour se transporter à 5 kilomètres de chez lui, l'Huissier aura droit à un transport de 3 francs — à 10 kilomètres, à un transport de 6 francs.— Or, remarquez, Monsieur le Député, qu'en matière de Protêt, ce dernier maximun ne sera presque jamais dépassé ni même atteint, attendu que bien rarement il se trouvera une commune éloignée de plus de 10 kilomètres du chef-lieu de canton, point de départ d'où devra toujours être calculée l'indemnité de transport. — Ajoutez encore à cela, Monsieur le Député, que les échéances du commerce tombant toutes au milieu ou à fin de mois, l'Huissier aura généralement plus d'un effet, aux jours d'échéance, à présenter dans la même commune, et qu'aux termes de l'article 35 du décret organique du 14 février 1813, qui régit toujours notre profession, si l'Huissier dresse plusieurs Protêts dans la même commune ce jour-là, il ne pourra prendre son droit de transport *qu'une seule fois*, et non pas sur chaque Protêt, et encore devra-t-il répartir cette indemnité de transport par portions égales entre les divers Protêts de cette même commune. — Vous voyez alors, Monsieur le Député, combien sera minime pour chaque débiteur la *quote-part* de ce droit de transport, actuellement si mal gradué, à cause de la première lieue gratis.

REVISION DU SALAIRE DE PROTÈT

I. Le décret du 16 février 1807 tarifait comme suit l'acte de Protêt :

Emoluments de l'Huissier en 1807............	Rédaction de l'original et de la copie.....	2 »	3 50
	Copie de l'effet et des endos sur l'original et la copie et sur le registre des protêts.......	1 50	
Déboursés...........	Timbre, original et copie.	0 70	3 30
	Timbre du registre...	0 40	
	Enregistrement.....	2 20	
	Coût du Protêt de 1807.		6 80

II. Survint la Révolution du 24 février 1848. — Par décret du 23 mars 1848, le Gouvernement provisoire, dans le but de venir en aide aux *embarras momentanés* du commerce causés par cette crise sociale, décida que *provisoirement* (c'est le terme même employé dans l'art. 1ᵉʳ du décret), le tarif des Protêts demeurerait fixé comme suit :

Emoluments en 1848..	Original et copie. . . .	1 60	
	Droit de copie de l'effet et des endos sur l'original, la copie et sur le registre des protêts	0 75	2 95
	Timbre de la copie du protêt, non remise au débiteur, mais comptée pour la forme dans le protêt, et laissée en réalité à l'huissier comme compensation, et qui a toujours été rangée au chapitre des émoluments jusqu'en 1873.	0 60	
Déboursés............	Timbre de l'original du protêt.	0 60	
	Timbre du registre. . .	0 40	2 88
	Enregistrement.	1 88	
	Coût du Protêt depuis 1848.		5 83

Ainsi de 1848 jusqu'à 1873, c'est-à-dire pendant 36 ans, et à titre *provisoire*, le salaire du Protêt par Huissier est resté tombé de 3 fr. 50 (1807) à 2 fr. 95 (1848) — ce dernier chiffre, qui légalement est de 2 fr. 35, obtenu par l'adjonction de la valeur du timbre de la copie que l'Huissier ne délivrait pas au débiteur, mais dont il comptait et se faisait payer le timbre 60 centimes, en gardant le montant par devers lui, et ce, au vu et au su des pouvoirs publics, de l'Administration de l'enregistrement et du Conseil d'Etat qui n'avaient voulu voir dans cette pratique et cette tolérance qu'une compensation bien légitime du sacrifice imposé à l'Huissier par le décret de 1848.

III. Vint la loi du 23 décembre 1873, sur l'enregistrement et le timbre à la suite de nos désastres de 1870. — Elle obligea l'Huissier à restituer à l'Etat et à apposer sur l'original du Protêt, sous forme de timbre bleu que le Fisc ne délivre à l'Huissier que contre remise de 60 centimes en espèces, la valeur représentative de la copie du Protêt, non délivrée au débiteur, et qui jusque-là avait été laissée à l'Huissier comme supplément et appoint du salaire légal de 2 fr. 35 qu'elle portait ainsi en réalité à 2 fr. 95.

Depuis 1874 (1ᵉʳ janvier) le salaire de l'Huissier dans le Protêt est donc tombé à 2 fr. 35. Mais le Protêt coûte toujours 5 fr. 83 au débiteur. C'est le Fisc que nous a repris nos 60 centimes de timbre, lesquels étaient notre compensation du décret de 1848.

Vous le voyez, Monsieur le Député, c'est toujours l'Huissier qui a été la victime du Fisc !

La Commission du budget, en présentant à l'Assemblée Nationale cette loi du 23 décembre 1873, ne put moins faire que de signaler cette aggravation au préjudice des Huissiers pour les Protêts, dans les termes suivants de son Rapport :

« Nous devons reconnaître qu'en ce qui concerne les Protêts,
« les tarifs des Huissiers furent notablement réduits en 1848 ; en
« raison précisément de cette rémunération supplémentaire du
« timbre de la copie que *l'usage avait consacrée*, nous *enlevons la Com-*

« *pensation* aux Huissiers par les dispositions que nous venons vous
« soumettre. Le Gouvernement aura à apprécier s'il ne serait pas juste
« de reviser le tarif de 1848, en vue de la situation nouvelle ? »

Voilà dix-sept ans, Monsieur le Député, que ces paroles ont été prononcées. — Pourrons-nous être taxés de gens avides et ruineux pour le commerce, si aujourd'hui nous venons dire : « Messieurs les
« Députés, nous venons réclamer du législateur de 1890 l'exécution
« des promesses du législateur de 1873. — Nous ne vous demandons
« pas une aggravation des charges des justiciables ; non, mais au
« risque de faire injure à la troisième République, rendez-nous au
« moins le Tarif des plus mauvais jours de la deuxième République !
« — Rendez-nous les trois francs de 1848 (2,95) ! »

IV. Nous, Huissiers de Lyon, nous demandons simplement à ce que le Tarif suivant soit édicté pour l'acte de Protêt :

Emoluments demandés en 1890	Droit de course et de présentation au débiteur. .	2 »	
	Copie de l'effet de ses endos sur le protêt.	0 25	3 »
	Copie de l'effet et de ses endos sur la souche. .	0 25	
	Rédaction du Protêt. . .	0 25	
	Rédaction de la souche. .	0 25	
Déboursés.	Timbre des registres à souche.	1 50	
	Timbre du répertoire d'actes	0 10	2 23
	Enregistrement gradué par 100 fr	0 63	
	Coût du Protêt de 1890.		5 23

Ainsi, Monsieur le Député, tout en donnant au débiteur, pour payer, deux jours de plus que sous l'Empire et la Monarchie, tout en réduisant à un maximum de 6 francs des frais de transport qui sous les autres régimes pouvaient aller jusqu'à 14, 16, 18, 20 francs, tout en satisfaisant l'Huissier, la troisième République aura encore trouvé le moyen de faire payer le Protêt 60 centimes moins cher que la République de 48, et 1 fr. 57 de moins que la Monarchie de 1830 et que le premier Empire !

Alors, que faut-il donc à l'honorable M. Rabier ?

Remarquez, Monsieur le Député, que la tarification ci-dessus correspond exactement au nouvel ordre de choses que vous organisez d'un côté avec la fiche de présentation et le délai de grâce de deux jours, et de l'autre avec la rédaction du Protêt à souche le troisième jour à défaut de payement dans l'intervalle. — Au lieu de n'être que la constatation immédiate et sur place du défaut de paiement, le lendemain de l'échéance, *au moment même de la présentation* de l'effet au débiteur, comme sous le Protêt actuel, le nouveau Protêt à souche devra contenir la relation d'une série de faits successifs devant se passer dans une période de trois jours ; 1° la présentation de l'effet au débiteur le lendemain de l'échéance et sa réponse ; — 2° son attitude pendant le reste de ce jour et le suivant s'il vient ou ne vient pas payer chez l'Huissier ; — 3° enfin la rédaction, le libellé même de l'acte de Protêt proprement dit le troisième jour.

Or, 2 francs pour présenter l'effet au domicile du débiteur, recueillir sa réponse, rapporter l'effet à l'étude, se tenir pendant deux jours avec l'effet à la disposition du débiteur qui peut se présenter à toute heure ouvrable pour payer, être responsable de l'effet pendant ces deux jours, avoir une caisse et un personnel toujours prêts pour recevoir le débiteur et son argent, alors que le rôle principal de l'Huissier est de s'absenter de son étude pour remettre au dehors les copies des actes de son ministère, assurément 2 francs pour tout cet assujétissement, ce n'est point trop! — et à la fin du deuxième jour ce modeste honoraire de 2 francs est assurément acquis à l'Huissier d'une façon *irrévocable*, soit que le débiteur vienne, soit qu'il ne vienne plus retirer son effet. — Eh bien, si le lendemain troisième jour, après l'acquisition de ce salaire de 2 francs, il faut encore en plus se livrer à la rédaction du Protêt, tant à l'original qu'à la souche avec copie du billet et des endos sur l'un et sur l'autre, voilà bien, il faut en convenir, un nouveau travail dont il est juste que l'Huissier soit rémunéré en plus de sa course de présentation et de ses honoraires d'attente et de sujétion pendant les deux jours du délai de grâce. — Voilà pourquoi nous disons qu'en présence d'une situation nouvelle, d'un nouvel ordre de faits et de constatations qui ne sont plus ceux de 1807 ni de 1848, il faut une nouvelle tarification répondant à cette nouvelle situation!

En effet, avec le nouveau Protêt à souche, il n'y a plus de copie de Protêt, — par conséquent plus de droit de copie. — Il n'y a plus de Registre de copie de Protêts, — partant plus de droit de transcription sur le registre. — Alors, de l'ancienne tarification, que reste-t-il d'applicable au nouveau Protêt à souche?

— Le droit d'original et de copie? — 1 fr. 60? — Mais alors un Protêt rédigé après course et attente de deux jours, en double exemplaire sur original et souche, nous sera donc moins payé que la course de 2 francs, seule sans Protêt? — Ce serait illogique autant qu'injuste!

Vous le voyez, Monsieur le Député, à peine de nous laisser aux prises avec un tarif disparate et sans relation aucune avec le nouvel ordre de choses, il faut absolument que la Commission édicte un **nouveau Tarif complet**, comme celui ci-dessus exposé, et comprenant en outre :

1 franc d'honoraires, comme sous le tarif actuel, par domicile, en cas de plusieurs *domiciles* successifs, ou par chaque besoin.

2 francs comme sous le tarif actuel, pour l'intervention.

2 francs pour perquisition, en cas de domicile réel introuvable au lieu de 8 fr. 50 que donne le tarif actuel dont les formalités ne concorderont plus avec celles de la nouvelle loi.

Et enfin 50 centimes de droit gradué pour honoraires proportionnels de l'Huissier, par chaque 500 fr. ou fraction de 500 francs pour les effets exéédant 500 francs en sus du droit fixe de 3 francs, — sans que ce droit gradué puisse dépasser 5 francs.

Nous vous demanderons la permission, Monsieur le Député, de résumer tous ces desiderata sous le texte du nouvel article 167, en regard duquel les amendements à y apporter seront reproduits en lettres italiques :

6º En lettres italiques également sera reproduite une légère addition en ce qui concerne la **lettre d'avis de Protêt**, affranchie à 15 centimes, dont le dernier paraphaphe du nouvel art. 167 nous impose l'obligation de faire l'envoi au tireur ou premier bénéficiaire dans les deux jours du Protêt. On s'est demandé comment l'Huissier pourrait faire la preuve qu'il a écrit et envoyé cette lettre. — On a semblé craindre que pour garder par devers lui la modique valeur du timbre-poste de trois sous, il ne s'abstienne de faire cet envoi. —

Mais outre que c'est là une injure gratuite à faire à l'officier ministériel dont le caractère est, ce nous semble, au-dessus de ce soupçon, l'Huissier a un intérêt majeur et personnel à ne pas manquer à cette obligation professionnelle. Car le plus souvent cette lettre lui attirera cette réponse du tireur ou premier bénéficiaire : « Poursuivez de suite mon débiteur, ou prenez des mesures conservatoires. » Du reste, notre livre de copies de lettres ne sera-t-il pas là pour témoigner de la rédaction et de l'envoi de la lettre d'avis, passée sous la presse à copier à sa date et à son rang, au milieu de plusieurs autres de la veille, du même jour ou du lendemain? — Pourquoi notre livre de copies de lettres ne ferait-il pas foi en notre faveur, de la même façon que le livre de copies de lettres du commerçant, prévu par les art. 8 et 10 du Code de commerce, est appelé à faire foi en faveur du commerçant? Est-ce que lorsque un négociant produit devant le juge consulaire son livre de copies de lettres, le juge songe à lui faire cette question et cette distinction soupçonneuse! « C'est vrai ; je vois bien
« que vous avez écrit cette lettre puisqu'elle est à votre copie de
« lettres, mais qu'est-ce qui me prouve que vous l'avez bien mise à
« la poste ? »

C'est pourquoi, Monsieur le Député, nous désirerions qu'il fût dit expressément dans le dernier paragraphe de l'art. 167 : que l'Huissier justifiera de la rédaction et de l'envoi de la lettre d'avis par la représentation de son livre de copies de lettres tenu régulièrement et conformément à l'art. 10 du Code de commerce et que si l'Huissier a été mis dans l'impossibilité d'écrire la lettre d'avis par suite de l'absence de l'adresse du tireur ou pour suite d'une adresse illisible sur l'effet; il le constatera à sa décharge dans l'acte de Protêt; car il ne faudrait pas que le tireur après que l'effet protesté lui serait revenu sans lettre d'avis, pût rajouter *après coup* son adresse et prétendre que c'est

l'Huissier qui a omis de l'aviser. — La mention par l'Huissier dans l'acte même de Protêt de toute absence d'adresse ou du caractère illisible de l'adresse rendra impossible toute fraude *ultérieure* de la part du tireur. — C'est l'objet de l'addition que nous sollicitons.

Voici donc l'ensemble des additions que nous signalons sous l'art. 167 nouveau, et qui ont l'avantage de réglementer sous un même article, toutes les diverses espèces de salaire relatives à toutes les espèces possibles de Protêt.

(Nouv. Art. 167)

Projet de la Commission	Projet d'Amendements
ART. 167. — Le débiteur qui paye après la présentation par le porteur et avant le jour où le protêt doit être dressé, le montant d'une lettre de change, entre les mains de l'Huissier ou Notaire, qui la lui présente ou la lui a présentée, doit à ce dernier ses honoraires de présentation, fixés à 2 fr., outre le transport, s'il y a lieu ;	ART. 167. Comme au projet de la commission.
En cas de transport, l'indemnité due à l'Huissier ou Notaire sera calculée sur la distance du chef-lieu de canton à la commune où le Protêt aura été dressé.	En cas de transport, l'indemnité due à l'huissier ou notaire sera calculée sur la distance du chef-lieu de canton à la commune où le Protêt aura été dressé — *à moins que la distance de celle-ci à la rési-*

Projet de la Commission	Projet d'Amendements
	dence de l'Huissier ou Notaire instrumentaire ne donne lieu à un droit de transport plus faible, auquel cas ce dernier droit sera seul compté. *Le droit de transport sera calculé à raison de 30 centimes par kilomètre parcouru, tant à l'aller qu'au retour, sans distinction entre les cinq premiers kilomètres et les suivants.* *Il est alloué à l'Huissier ou Notaire pour ses émoluments, en sus de ses déboursés de timbre et d'enregistrement d'après la présente loi, et de 10 centimes pour la mention du Protêt au répertoire timbré tenu en exécution de l'article 49 de la loi du 22 frimaire an VII, les sommes ci-après:* **Protêt simple.** *1° Pour la présentation de l'effet* . . . . 2 » *2° Pour la rédaction de l'acte de Protêt sur l'original et la souche et pour copie entière de l'effet, ordres au dos, tant sur l'original que sur la souche.* . . . . . <u>1 »</u> Total. . . 3 » *Il est alloué à l'Huissier ou Notaire pour ses émoluments, en sus de ceux du Protêt simple :*

Projet de la Commission	Projet d'Amendements
	Protêts à 2 domiciles ou avec besoins. — *Par chaque domicile ou par chaque besoin.* . . . 1 fr.
	Protêts de 2 effets ou plus réunis. — *Pour le second effet et pour chacun des suivants* . . . 0 50
	Protêt avec intervention. — *Pour l'intervention et sa réduction.* 2 fr.
	Protêt avec perquisition. — *Pour les recherches à faire par l'Huissier et pour leur constatation, en cas de fausses ou insuffisantes indications, comme il est prévu par l'article 173.* . . . . . 2 fr.
	Protêt à effet supérieur à 500 fr. — *50 centimes par chaque 500 fr. ou fraction de 500 fr. excédant les 500 premiers francs; sans préjudice des émoluments afférents à la nature particulière du Protêt, d'après les distinctions ci-dessus.* . . 0 50
	Sans toutefois que ce droit puisse dépasser 5 francs.
L'Huissier doit dans les 2 jours de la rédaction du Protêt en donner avis sommaire au tireur, en indiquant le nom et le domicile du débiteur, les motifs du refus de paiement et le montant de l'effet, le tout par simple lettre affranchie, et moyennant un salaire de 50 cent., timbre compris.	Comme au Projet de la Commission.

Projet de la Commission	Projet d'Amendements
	La reproduction de ladite lettre d'avis au livre de copies de lettres de l'Huissier, tenu conformément à l'article 10 du Code de Commerce, vaudra pour l'Huissier preuve de l'envoi de la lettre d'avis.
	En cas d'absence d'adresse, comme en cas d'adresse illisible du tireur sur l'effet, l'Huissier fera mention de cette circonstance dans l'acte même de Protêt, et sera de plein droit dispensé de toute lettre d'avis.

(Nouv. Art. 173.)

7° En faisant du **Notaire**, non plus le **concurrent**, mais seulement le **suppléant** de l'Huissier, pour le cas du Protêt, la Commission ne fait que consacrer des tendances depuis longtemps établies et acceptées tant de la part du public, que de la part des Notaires eux-mêmes, qui par l'organe d'un des leurs, M. Delaunay, député, ont formellement déclaré à la Tribune (séance du 14 juin 1890) vouloir laisser les Protêts aux Huissiers.

Du reste, un Protêt n'est pas comme un testament : on peut toujours en prévoir l'échéance, qui est d'ailleurs inscrite sur le billet lui-même, — et par conséquent retenir et se procurer un Huissier, pour le protester à jour fixe.

A la rigueur, les appréhensions des orateurs qui à la séance du 14 juin, — M. Grousset par exemple, — voulaient à toute force que l'on conservât aux Notaires — même malgré eux — leur droit de concurrence au Protêt, peuvent s'expliquer avec le régime actuel où l'Huissier ne peut pas se dédoubler et confier ses actes à des Clercs. — Mais du moment que la loi nouvelle va autoriser les Huissiers à avoir des Clercs assermentés, qui doubleront ou même tripleront leur nombre pour le Protêt, comment soutenir raisonnablement que l'on a encore besoin des Notaires pour leur faire concurrence ? — Eh bien ! malgré cela la Commission a voulu faire reste de droit aux Notaires ; elle les maintient encore sur les rangs, mais seulement à défaut d'Huissier dans la localité.

— Est-ce que cela ne pare pas à toutes les éventualités ? Si les Notaires se mettent encore avec les projets actuels de la Réforme judiciaire pour déposséder les Huissiers du Protêt, que nous restera-t-il, Monsieur le Député ?

Les Huissiers de Lyon appellent sur ce point toute votre attention et toute votre sollicitude, et celles de la Commission ; et spécialement à ce sujet nous vous prions d'exprimer à MM. Leydet, votre Président, et à M. Bouge, votre Rapporteur, toute notre reconnaissance et toutes nos félicitations pour l'attitude et les paroles courageuses qu'ils ont eues à l'égard des Huissiers, dans la séance publique et mouvementée du 14 juin.

Perquisition. — D'accord avec les Huissiers de Paris, nous pensons qu'en cas d'indications fausses ou insuffisantes du domicile du tiré, — comme le prévoit le dernier paragraphe de l'article 173 de projet de la Commission, il y a lieu pour l'Huissier, — après avoir reconnu sur place cette fausseté ou cette insuffisance d'indications — de chercher pourtant à découvrir la véritable adresse du débiteur et par conséquent de se livrer à des investigations auprès des plus proches voisins, ou des autres habitants du quartier — et cela avant d'être obligé de dresser témérairement et à la hâte un Protêt sur le nom peut-être fort solvable d'un débiteur existant réellement en chair et en os, mais dissimulé à une adresse nouvelle ou encore peu connue dans le quartier. — Pour ce supplément de recherches, nous demandons simplement un honoraire supplémentaire de 2 francs en sus du Protêt simple — au lieu de 8 fr. 50 de salaire qui sont attribués à ce genre de Protêt par le tarif actuel (celui de 1848).— En sorte qu'avec la nouvelle loi, et si vous admettez ce salaire supplémentaire de 2 francs, un Protêt de perquisition ne coûtera plus que 5 fr. 23 + 2 fr. — soit 7 fr. 23, — au lieu de : 13 fr. 98 qu'il est tarifé sous la loi actuelle par le Décret du 23 mars 1848.

Nous espérons donc, Monsieur le Député, que la Commission maintiendra sous l'article 167 nouveau, non seulement la tarification par nous proposée, mais encore le principe même du Protêt de perquisition.

Il y aurait donc lieu de faire au dernier § de l'art. 173 du projet, la légère addition suivante, marquée en italiques (Nouv. Art. 173) :

(Nouv. Art. 173)

Projet de la Commission

(Dernier §e). En cas d'indications fausses ou insuffisantes, l'acte constate que le débiteur ou les tiers, indiqués pour payer au besoin ou par intervention n'ont pas été trouvés.

Projet d'Amendement

En cas d'indications fausses ou insuffisantes, l'acte constate, *après une perquisition tarifée comme il est dit en l'article 167*, que le débiteur ou les tiers, indiqués pour payer au besoin ou par intervention, *ont été ou* n'ont pas été trouvés.

(Nouv. Art. 174)

8º Contrairement à ce que peuvent en dire les Huissiers de Paris, les Huissiers de Lyon approuvent pleinement la création du **Protêt sur carnet à souche**, qu'ils trouvent très pratique, à condition que l'Administration de l'enregistrement délivre aux Huissiers trois types de carnets imprimés correspondant à nos trois types de Protêts :

Un carnet pour les Protêts simples ou à deux effets,
Un carnet pour les Protêts avec besoin ou intervention,
Un carnet pour les Protêts avec perquisition.

La souche contenant la transcription de l'effet et des endos, et restant entre les mains de l'Huissier, remplacera complètement l'ancien registre à Protêts, et constituera la minute du Protêt avec les mêmes renseignements que l'original lui-même. — Cette création répond à tous les besoins et la souche pourra toujours être consultée utilement et sûrement.

ARTICLE TROIS

DU PROJET

9º En ce qui concerne les **Clercs assermentés** dont la Commission vient enfin de doter notre profession, pour les Protêts, à notre grande satisfaction (car nous serons enfin délivrés de cette épée de Damoclès, l'art. 45 du décret du 14 juin 1813, qui nous défend de faire porter nos copies par des Clercs à peine de suspension et même de destitution). — Nous sommes complètement d'accord avec les

Huissiers de Paris pour demander que les Clercs assermentés restent placés sous la dépendance de notre Chambre de discipline, qui les choisira, qui examinera leur capacité ou leur moralité, les fera commissionner ou révoquer et réglementera leur usage par les patrons. — Les Huissiers eux-mêmes, Monsieur le Député, une fois nommés et en exercice, restent soumis à l'action et au contrôle de la Chambre de discipline. Il est bien juste que les *sous-officiers ministériels* que vous allez nous donner, ne puissent pas se dire indépendants de cette même Chambre de discipline. Pour nous, c'est là la condition *sine qua non* du bon fonctionnement de cette innovation. Aussi reproduisons-nous entièrement l'amendement des Huissiers de Paris à ce sujet.

(Art. 3 du Projet.)

Projet de la Commission

Les Huissiers ou Notaires peuvent être autorisés à confier sous leur responsabilité la présentation des lettres de change et la rédaction des Protêts à des Clercs assermentés.

Les Clercs assermentés seront majeurs de 21 ans, ils seront nommés par ordonnance du Président du Tribunal de Commerce, sur requête des Huissiers ou Notaires.

Projet d'Amendements

Par dérogation à l'article 45 du décret du 14 juin 1813, les Huissiers sont autorisés à confier sous leur responsabilité *civile*, à des Clercs assermentés, la présentation des lettres de change et la rédaction des Protêts.

Les Clercs assermentés seront *Français* et majeurs de 21 ans ; *ils prêteront serment devant* M. le Président du Tribunal de Commerce, *après avis de la Chambre de Discipline sur leur moralité et leur capacité.*

Ils seront soumis à un règlement délibéré par la Chambre de Discipline.

ARTICLE SIX

DU PROJET

10º Enfin en interdisant l'**Encaissement** aux Huissiers et Notaires ou à leurs Clercs et préposés, la Commission d'abord épargne au tiré la visite imméritée de l'Huissier le jour de l'échéance, et ménage ainsi son crédit aux yeux de ses voisins ; de plus elle augmente pour le débiteur la chance de se voir sûrement présenter son effet le jour même de l'échéance, en refoulant l'obligation de cette présentation en des mains autres que celles de l'Huissier qui, étant chargé du Protêt faute de paiement pour le lendemain de l'échéance, a vraiment trop intérêt à ne pas provoquer ce paiement en présentant l'effet dès la veille (le jour même de l'échéance) ; — Enfin la Commission vient au secours des Huissiers eux-mêmes, à qui cette mesure rendra un peu de leur équilibre naturel, en supprimant pour les plus intrigants et les moins scrupuleux d'entre eux le pot de vin avec lequel ils ont acheté jusqu'à ce jour des banquiers le monopole des Protêts, comme nous l'avons expliqué plus haut, à propos de la réduction du droit de transport de l'Huissier, sous l'art. 167. (V. pages 4, 5, 6 et 7).

Depuis un temps immémorial, la grande majorité de nos Chambres de discipline a cherché à interdire l'encaissement aux Huissiers. Malgré leurs nombreuses délibérations qui font foi de ces tentatives, les Chambres de discipline ont toujours échoué, parce que dans le décret organique du 14 juin 1813, qui régit la discipline professionnelle des Huissiers, il n'y a pas de sanction pénale d'inscrite contre la violation des prohibitions délibérées par la Chambre de discipline.

Si donc, Monsieur le Député, la Commission veut réellement que son article 6, par lequel elle croit défendre l'encaissement aux Huissiers, ne soit pas perpétuellement violé par les Huissiers des banques, si elle ne veut pas qu'il ait le même sort que nos délibérations de Chambres de discipline à ce jour, en un mot, si le législateur veut que sa prohibition soit respectée, il faut qu'il ajoute une sanction pénale à son article 6 actuel, lequel n'en a pas, et qu'il charge nos Chambres de discipline elles-mêmes du soin de provoquer l'application de cette sanction pénale contre les contrevenants, sans préjudice de l'action du Ministère public.

Pour arriver pratiquement à ce résultat, Monsieur le Député, il n'y a qu'à frapper d'amende et de suspension et au besoin de destitution les Huissiers encaisseurs, et de charger les Chambres de discipline de les faire poursuivre, en leur donnant à cet effet les pouvoirs nécessaires qu'elles réclament déjà du reste depuis longtemps.
— Ces pouvoirs consistent tout simplement, Monsieur le Député, en la faculté pour la Chambre de discipline de pouvoir se constituer en jury d'accusation contre l'Huissier contrevenant, et de déposer copie de sa délibération au Greffe du Tribunal civil, avec obligation pour le Tribunal, que ce dépôt saisit de la connaissance de la contravention, de statuer d'office, soit que le Ministère public agisse, soit qu'il n'agisse pas. Mieux et plus vite que le Ministère public, les Chambres de discipline, qui connaissent le personnel de chaque étude, sauront rechercher et découvrir quelles études se livreront encore aux encaissements, par quel moyen et avec quel personnel, directement ou par personne interposée.

Pour cela, il n'y a qu'à armer les Chambres de discipline d'Huissiers des pouvoirs disciplinaires dont jouissent déjà les Chambres d'Avoués et les Chambres de Notaires.

Tel est l'objet de l'amendement que nous vous prions instamment, Monsieur le Député, de vouloir bien soumettre à la Commission, sous l'article 6. — Nous lui attribuons la plus grande importance, au point de vue pratique, car il est la seule sanction efficace capable de faire respecter en fait l'article 6 de votre Projet, que les Banquiers et leurs Huissiers, chacun dans son genre, ont trop intérêt à violer.

(Art. 6 du Projet.)

Projet de la Commission	Projet d'Amendements
Art. 6. — L'obligation imposée au porteur de la lettre de change par l'article 161 ne pourra être remplie par les Huissiers ou Notaires et leurs Clercs assermentés ou préposés.	Comme au Projet de la Commission.
	Toute infraction à cette interdiction de l'encaissement de la part des officiers ministériels sera punie de 3 mois de suspension et de 500 fr. d'amende, et en cas de récidive, de destitution.
	A l'avenir, les Chambres de Discipline d'Huissiers exerceront les pouvoirs disciplinaires déjà conférés aux Chambres de Discipline d'Avoués par les articles 9 et 10 de l'arrêté du 13 frimaire an IX, et

Projet de la Commission	Projet d'Amendements
	aux Chambres de Discipline de Notaires par l'ordonnance du 4 janvier 1843, dont les dispositions leur deviendront communes; le tout sans préjudice de l'action du Ministère public.

Monsieur le Député,

En commençant ce Mémoire, nous avions l'intention bien arrêtée de ne vous présenter que quelques observations résumées d'une façon très succincte. Mais l'impossibilité matérielle pour nous de compléter notre exposé par des développements oraux, comme peuvent le faire auprès de la Commission les auteurs d'amendements, nous a obligés à tout prévoir et à tout confier au papier. De là des longueurs imprévues imposées à ce Mémoire, pour l'étendue duquel nous vous faisons toutes nos excuses, en demandant toute votre indulgence.

Pleins de confiance en vous, Monsieur le Député, nous remettons entre vos mains et celles de la Commission le sort de nos réformes, que nous sollicitons depuis si longtemps, et dont le projet de M. Leydet, si heureusement adopté par vous et vos collègues semble enfin nous promettre la réalisation à brève échéance, réalisation interrompue seulement, mais non brisée, espérons-le, par le contre-projet Rabier.

Recevez, Monsieur le Député, pour le patronage que vous avez bien voulu accepter de notre cause ingrate,

Nos hommages les plus respectueux et les plus reconnaissants.

Pour les Huissiers de Lyon,
Le Syndic-Président de la Chambre des Huissiers,
A. BERTHET.

Lyon, ce 12 juillet 1890.

www.ingramcontent.com/pod-product-compliance
Lightning Source LLC
Chambersburg PA
CBHW060542050426
42451CB00011B/1799